유기식물

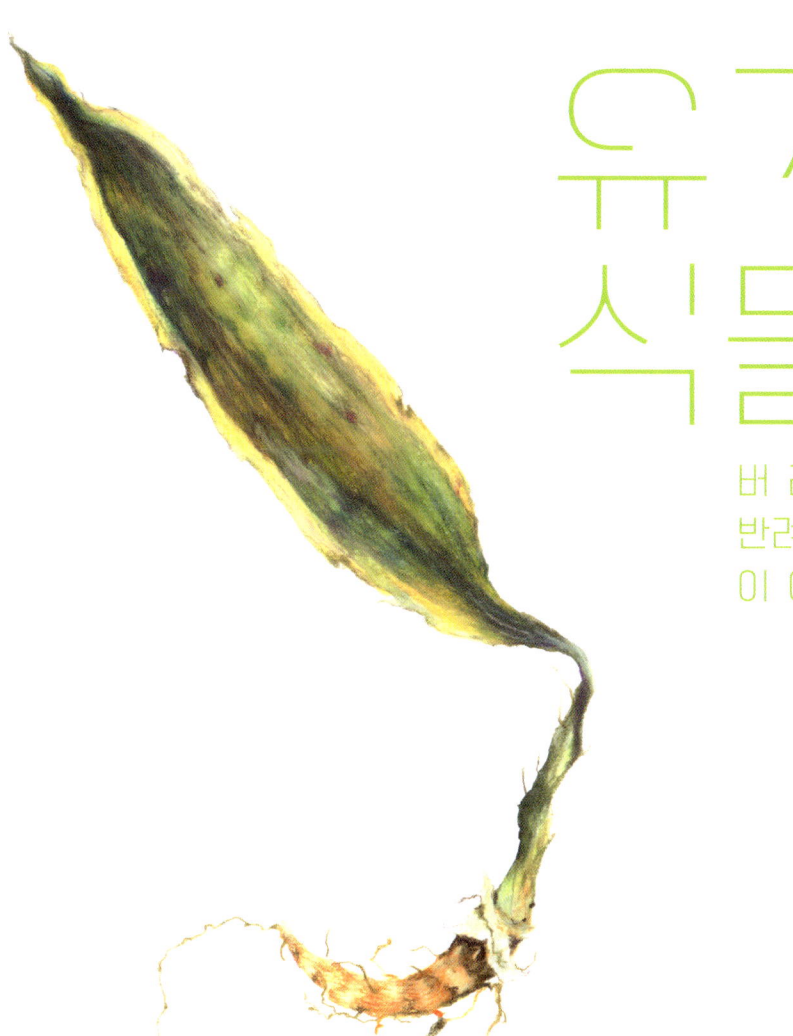

유기식물

버려진 반려식물 이야기

조혜경 쓰고 그리다

"집에는 사람만 있는 것이 아니에요"

"가구, 생활용품, 반려동물, 반려식물, 다양한 사물이 공존하죠"

"내가 집중하게 된 대상은 버려진 식물입니다"

"집 안에서 집 밖으로 버려진 반려식물에 대한 이야기입니다"

마주하는 일상

아침부터 창문 밖이 시끄럽다.
이삿짐 크레인이 쉴 새 없이 오르락내리락하고 있다.
어느 집이 이사를 가는 모양이다.
사람들은 빠져나가고 쓸모가 다한 것들은 남겨진다.
폐기물 딱지가 붙은 가죽소파, 침대 매트리스, 가전제품,
대충 던져놓은 화분도 여러 개 보인다.

금전수와 개운죽, 그리고
형체를 알 수 없게
말라버린 식물들.

마음이 바빠서였을까.

새 집에 어울리지 않아서일까.

이사 트럭이 훌쩍 떠나고 나면 선택받지 못한 식물이 남아있다.

만나고 헤어지고 떠나는 일은 우리에게 흔한 일상.

흔하고 반복적인 풍경 속에서 누군가는 떠나고 어떤 것은 남겨진다.

아니, 가벼이 버려진다.

다 그런 거, 별일 아니라고 말할 수 있을까.

자리를 잃고 밖으로 내몰린 식물의 일상은 무너지고 서서히 사라질 텐데...

이사나 인테리어 공사가 많아지는 계절에는 반려식물이 자주 버려진다.

그 모습을 마주하는 것은 언제나 불편하다.

해피 엔딩

'이번 주는 비가 자주 오고 흐리겠습니다.'
날씨 핑계 삼아 산책을 미루고 있었다.
꼼짝하기 싫은 몸을 일으켜 집 밖으로 나선다.
무뎌졌던 몸이 반응하며 하나 둘 감각이 살아난다.
녹녹한 공기 속에서 젖은 풀 냄새가 훅 맡아진다.
눈에 보이는 색은 전부 초록,
꽃과 나무가 말갛게 씻기고 연두와 초록의 세상이 되었다.
이렇게 여름이 오려나 보다.

나무가 누워 있었다.
재활용품 수거 창고와 나란히 있는 화단 흙바닥에.
뱅갈고무나무다.

가까이 다가가서 뱅갈고무나무를 살폈다.

연초록 이파리를 제법 많이 달고 있고

성장상태도 나쁘지 않았다.

누가 여기에 가져다 놓은 걸까.

이대로 두면 뿌리가 마르고 잎이 바스러지다가

결국 죽게 될 것이다.

집으로 데려가야 하나.

아니면 새로운 보호자를 만날 수 있도록

그 자리에 놓아둬야 할까.

아니, 나무 주인이 돌아와서 다시 가져갈 수도 있지 않은가.

하루만 더 기다려 보기로 했다.

다음 날, 뱅갈고무나무를 보러 나갔다.
고무나무가 아파트 담장 아래 심어져 있었다.
마음이 조금 놓였다.
누군가 고무나무를 안쓰럽게 생각했거나
버려둔 사람이 그곳에 심어 놓았는지도 모른다.
나무는 얼마 동안 더 살아갈 수 있겠지.
한 달이 될 수도 한 계절이 될 수도 있을 거다.
바깥에서 살아가야 할 열대식물의 삶,
시간을 장담할 수 없으니까.

뭘 할 수 있을지 가만히 생각해 보았다.

집으로 데려가면 내가 잘 키울 수 있을까.

아무래도 다른 사람이 가져가는 게 나을 지도 몰라.

여기저기 알려서 필요한 사람을 찾아볼까.

집으로 들이는 일은 …… 역시 자신이 없다.

미안한 마음이 들어 물을 가져다 부어주고 주변을 계속 서성거렸다.

이러지도 저러지도 못한 채 발걸음을 돌리는 여러 날이 지나갔다.

나무가 없다.

순간 이동을 한 것처럼 흔적 없이 사라졌다.

이상하네.

작은 나무 하나가 사라졌을 뿐인데 주변 풍경이 어색하다.

빈자리를 보고 있자니 아끼던 것을 잃어버린 기분이 들었다.

얼마 지나지 않아
나무를 사라지게 했던 '누군가'와 '그 이유'를 알게 되었다.
식물 좋아하는 6층 할머니가
버려진 나무를 집으로 데려갔다고 한다.
뿌리가 다치지 않게 오랜 시간 흙을 털어내고
아기처럼 소중하게 안고 가셨다는 이야기.

뱅갈고무나무 이야기는
해피 엔딩 또는 훈훈한 결말이었어.

도 미 파 라

택배를 보내러 편의점에 가는 길이었다.
화단 근처에서 뒹굴거리던 삼색 고양이가 '냐아옹' 하며 아는 체를 했다.

고양이를 지나쳐 경비실 옆을 막 돌아가는데
못 보던 갈색 도자기 화분이 눈에 들어왔다.
초록 바탕에 작고 하얀 무늬가 있는
식물이 담겨있다.
어른 허리만큼 키가 크고 쭉쭉 뻗은 가지마다
소복하게 이파리가 달렸다.
잎 하나를 가져와 만져보니
살짝 기름을 먹인 것처럼
말랑하고 반들반들하다.

고양이가 화분 위로 껑충 뛰어 올라가
나무를 흔들고 이파리를 낚아챘다.
나무 전체가 위아래로 크게 휘청대다가 멈췄다.
대응 없는 나무가 제 딴에는 만만하다 싶었는지
앞발을 들어 한방 더 날리려는 태세다.
짜식, 다른 고양이한테는 매번 쭈구리 신세면서
애먼 나무한테 냥냥펀치를 날리고 있다.
말려야겠다 싶어 가까이 다가서는데
삼색이는 다른 재밋거리를 찾았는지 폴짝 화분을 뛰어넘어 달아났다.

한동안 화분의 존재를 잊고 지냈다.
잊고 지내는 사이 계절이 바뀌었고,
훈훈한 바람이 불어 오면서 푸르름이 점점 깊어가고 있다.

그제야 생각나 화분 자리를 찾았다.
갈색 화분은 여전히 그 자리에 남아있다.
사람이 돌보지 않아도 봄빛과 단비를 맞으며
건강하게 잘 자란 모습이다.
그리고 혼자가 아니다. 그 사이 친구들이 생겼다.
갈색 화분 옆에 작은 화분이 하나,
그 옆에 식물이 또 하나,
검게 말라가는 회양목이 끝자리를 차지했다.

도 미 파 라
키 순서를 정한 것처럼 가지런히 놓여있다.
각자 다른 집에서 살던 식물들이
어쩌다가 이곳에 모여 있는 것인지.
누군가 버린 자리, 그 옆에 함께 모아두면

미안한 제 마음이 덜어지는 일이었을까.

두고 떠난 그들의 사연은 알고 싶지 않다.

내가 알게 된 것은

이 고운 식물들이 새로운 삶을 이어가고 있다는 것이다.

'도미파라' 풍경의 화음처럼

퐁당퐁당 어깨를 맞댄 그 모습이

다정하게 잘 어울린다.

몬스테라의 부채질

아파트 앞에서 화분을 내어놓고 파는 트럭을 만났다.
동네 사람 여럿이 꽃과 나무를 구경하고 있었다.
그중에는 식물 박사님도 있는데
'이렇게 키워라 저렇게 해봐라' 본인의 고급 정보를 풀어 놓는다.
그 말에 귀 기울이면서도
사람들은 제 마음에 드는 식물을 골라 들었다.
크기가 적당한지 이파리가 말라있지는 않은지
나무의 생김새를 살피고 건강 상태를 확인한다.

식물은 이름보다 가격으로 불린다.
만 원 호야, 삼만 원 금전수, 걔는 좀 비싸 팔만 원.

나는 구석자리 식물에게 자꾸만 눈길을 뺏긴다.

새의 날개처럼 화려하게 펼쳐진 이파리,
초록색 깃털 잎이 금방이라도 날아가 버릴 것 같다.
몬스테라다.
세련된 쇼핑몰이나 인테리어 잡지에 자주 등장하는 식물인데
내게 없는 것들은 왜 이리 멋지고 아름다워 보이는 걸까.

머릿속으로 상상의 장면이 펼쳐진다.
몬스테라가 있다면, 저 멋진 몬스테라가 내게 있다면,
커다란 이파리가 여름 더위를 시원하게 날려주고
내 집 거실에 자리 잡아 '나를 보세요'라며 존재감을 뽐낼 것 같다.

몬스테라가 자꾸만 나를 부채질한다.
마음이 들썩이고 입술까지 꼼틀대더니
'주세요 이거' '계산할게요'라는 말이 쏟아져 나오려고 한다.
손을 뻗어 화분을 덥석 들어 올리려는 순간

아, 이거는 아닌데 …….
거칠 것 없이 달려가는 욕망의 질주를 여기서 멈춰야 한다며
이성이 말하기 시작한다.
기분 따라 식물을 데려간다면 나에게는 용량 초과.

식물을 집으로 들이는 것은 신중함이 필요하다.
시들시들 말라가는 허브 화분도 돌봐야 하고
호야의 물 주는 시기도 자주 놓치고 있지 않은가.
결국 분갈이용 흙 한 봉지 사들고 집으로 향한다.

잘했어. 괜찮은 선택이었어.
다독이며 한마디 덧붙인다.

몬스테라는 저 깊은 곳 나의 욕망 리스트에 저장!

인삼 벤자민

아파트 화단 안쪽, 숨어있는 공원 뒷길, 꼬부라진 골목길.
내가 좋아하는 세 가지 길이다.
조용하고 한적한 그 길을 찬찬히 오래 걸었다.

길을 걷다 보면 뜻밖의 즐거움을 만나게 된다.
내가 아는 나무라고 생각했는데, 어느 날 보니
자그마한 꽃송이를 내놓고 연두색 이파리를 잔뜩 매달고 있다.
언제부터였을까?
나만 알아챈 비밀처럼 슬며시 웃음이 나온다.
나무 어딘가에 숨어든 작은 새들을 찾는 것도 좋아하는데,
울음소리 따라 손가락 꼭꼭 짚어가며 숨은 그림 찾기를 한다.

마른 나뭇잎이 두툼하게 쌓여있는 길이 나오면 일부터 발을 쿵쿵 걷는다.
발걸음 옮길 때마다 바스락거리는 소리가 좋았고
내 발을 밀어내는 폭신하고 탱탱한 느낌도 좋았다.

늘 좋은 일만 겪게 되는 것은 아니다.
그날은 그랬다.

진분홍 철쭉 사이로 무언가 길게 누워 있었다.
여러 나무가 서로 뒤엉켜 있어서
철쭉 꽃가지를 들어 올리고 나서 조심스럽게 안쪽을 살폈다.
식물이다.
화분은 사라지고 작은 식물과 흙덩어리가 남았다.
허옇게 드러난 실뿌리들이 서로 놓치기 싫은 것 마냥
흙덩이를 꼭 움켜쥐고 있는데
그 모습을 보고 있자니 마음이 출렁댔다.

어쩌면 좋을까.

식물을 집으로 데리고 들어왔다.
안 쓰는 플라스틱 물통을 찾아 물을 가득 채웠다.
그 안에 조심스럽게 담아 놓으니
힘없이 늘어진 이파리에 점점 생기가 돌았다.

'생김새가 좀 독특하네. 이름이 뭘까?'
휴대폰을 찾아 검색창을 열었다.

'인삼 벤자민'
처음 듣는 이름이다.

벤자민 고무나무와 인삼 고무나무를 접목한 개량종이라는데
'단호박 까르보나라' '김치 햄버거'처럼 생각지 못했던 조합이랄까.
잘 자라고 모양 좋아 보이려고 사람이 그렇게 만들었나 보다.
뜻대로 만들고 맘대로 버렸네. 참 그렇다.

오늘은
네 모습을 그려야겠다.
인삼 벤자민.

나와 식물 사이

큰 관엽식물 하나, 작은 화분이 여러 개.
나는 식물을 키우고 있다.

어떤 마음으로 식물을 키우고 있을까.
내 마음은 어떤 거였지?
생각해 보니 별거 없었다.
단순하고 솔직한 이유, 나를 위해서였다.
함께 있으면 기분이 나아질 것 같았다.
청록 이거나 진초록 식물 덕분에
지루하던 공간이 달라져 보이기를 기대했다.
내 마음에도 생기가 돌고 온기가 생겼으면 했었다.
집 안 곳곳 근사한 분위기기 생겼으니 나름 만족이었다.

식물의 삶은 지루할 틈이 없는데
햇빛을 찾아 요리조리 고개를 돌리고
바람을 따라 이리저리 이파리를 살랑거린다.

어느 날은
비밀처럼 숨겨두었던 색과 무늬를 보란 듯 펼쳐 보인다.
어느 계절에는
죽은 것 마냥 웅크리고 있다가 기지개 켜듯 밀린 성장을 시작한다.

성장영화,
이런 다큐멘터리가 따로 없다.

변하는 것, 식물만 그랬을까.
아마 내 얼굴 표정도 조금씩 달라지고 있었을거다.
식물을 보면서 '흐흐흐' '실실실'
간지러운 칭찬과 격려말도 아끼지 않았다.

"오늘은 어떠니?"
"우쭈쭈, 새잎이 나오는구나. 대단하네."

때 되면 물 주고 창문 열어 환기 시키고
하루에 한 번씩 안부를 살피는 평범한 식물 보호자의 일상.
그 단순한 노동의 대가로
위로를 받는 쪽은 오히려 나였다.

사람에게 부대끼고 돌아온 날,

나는 초록 이파리 아래 멍하니 앉아 있곤 했다.

고단한 마음을 툭 내려놓고 '휴우' '휘위이'하며 크게 숨을 내쉬었다.

등을 붙이고 오래오래 숨어 있었다.

'괜찮아. 괜찮아질 거야'

바라보기만 하는 식물의 조용하고 덤덤한 위로가 좋았다.

그렇게 한참을 앉아 있다 보면

마음의 동요가 가라앉고

다시 일어나 움직일 힘이 생겼다.

풀물이 스며 드는 것처럼 마음까지 초록,

그 기운이 와닿은 모양이다.

"이름을 알고 나면 이웃이 되고
색깔을 알게 되면 친구가 되고
모양까지 알게 되면 연인이 된다."

어느 시인의 글귀처럼, 나와 식물은
이름을 지어주고 이웃이 되어 살고 있으며
위로받는 친구가 되어간다.

부채모양 여인초, 잘 자라는 호야, 튼튼이 고무나무,
까탈스러운 베고니아 너 말이야.

성장 중지

"옛날 옛적,
내가 사는 마을에는 백 년 묵은 신비로운 나무가 살고 있었어요."

이렇게 시작하는 옛이야기처럼
내가 사는 아파트 옆에 커다란 미루나무가 살고 있었다.
언제부터 여기서 살았는지는 모르지만
자주 보고 눈에 익다 보니 동네 풍경의 일부가 돼버렸다.

아파트 키를 따라잡을 것처럼
볼 때마다 쑥쑥 자라있던 미루나무.
그 넉넉한 품 안에 여러 종의 생명을 두고 있었는데
새와 나비가 쉬어가고 크고 자은 벌레들이 살고 있었다.

아, 벌레 하니까 생각난다.
어느 해 봄이었던가.
미루나무는 송충이 다발까지 우수수 떨어져 내리게 해서
지나가던 사람들을 기겁하게 만들었다.

그래도 좋은 기억이 더 많은 나무다.
반짝반짝 빛나는 봄날의 연두색 잎사귀도 보기 좋았고
여름이면 넉넉한 그늘을 사람들 머리 위로 내려 주었다.
가을 되면 그윽하게 노오란 단풍을 만들어 내곤 했는데
그 모습을 놓치고 싶지 않아서 사진 한 장을 꼭 찍어 두었다.

길고 곧은 회색 아파트와
둥글둥글 나이 들어가는 미루나무가 한 그림에 담겼다.

미루나무에 조각구름이라도 걸리는 날이면
입가에 미소가 번지고
하루치의 행운을 선물받은 기분이었다.

미루나무에 생긴 변화를 알게 된 것은 지난해 여름쯤이었다.

언제부터 나무 몸통에 구멍이 생겼고

그 상처가 점점 깊어져 가는 것처럼 보였다.

결국 미루나무를 제거한다는 안내문이 붙었다.

생육상태를 검사한 결과 나무속이 병 들었고

강풍으로 미루나무가 넘어지면 주변 피해가 생길 수 있다는 내용이었다.

지역 커뮤니티에 미루나무 제거에 대한 글이 올라왔는데

걱정하고 아쉬워하는 사람이 많았다.

전문가들이 결정한 내용이니 제거하는 것이 옳다는 내용도 있었고

서운한 마음에 볼 때마다 작별 인사를 한다는 댓글도 있었다.

성장 중지.

미루나무가 살아온 시간은 여기서 멈춰 버리는구나.

나무가 잘려나간 자리에는 흔적만 남아있다.

내 양팔을 뻗어 감싸면 그 안에 담기는 동그라미 하나,

오십 살 먹은 나무 그루터기가 생각보다 작았다.

지워진 풍경을 보면서 생각했다.

미루나무가 사라졌다고

'여기에 살고 있었다'는 사실까지 없어져 버리는 걸까.

어쩌면 그런 건 아닐 것이다.

어느 건축가의 인터뷰에서 들었던 이야기다.

사람들에게는 그들의 오랜 기억 속에 존재하는

'심리적 지리'라는 게 있다고 한다.

마을의 골목, 오래된 나무처럼
한 동네 사람들이 같이 바라보고 함께 기억하는 것들이다.
동네 미루나무도 그런 존재다.
우리에게 좋은 기억과 감정의 자리를 남겨 주었으니 말이다.

많이 고맙고 때때로 그립다.

초록 비닐봉지 식물

뭐지?

한참을 바라보았다.

유모차 상표가 붙어있는 대형 택배 상자다.

이런 상자들은 재활용 수거 날 모아서 버리는데

어쩌다 화단에 나앉아 있는 걸까.

조심스럽게 상자를 열어 보았다.

입구가 열리자마자 초록 이파리들이 쏟아져 나왔다.

길고 가늘고 뾰족한 잎을 가진 식물이다.

자세히 살펴보니

키 높은 택배 상자가 뾰족 식물을 보호막처럼 둘러싸고 있었다.

'식물과 택배 상자'

이 만남이 꽤나 든든해 보인다.

여기서는 잘 살아가라고 말한다.
서늘해진 날씨를 잘 견뎌야 한다고.
상자로 보호막을 만들어 햇살 좋은 자리에 옮겨 놓은 손길.
그게 누구였는지 궁금해졌다.

몇 날 지난 오후에, 아파트 관리 팀장님이 조경작업을 하고 계셨다.
팀장님과 나는, 서로 안부를 묻고
아파트에 사는 삼색 고양이 소식을 종종 나누는 사이다.

"날씨 좋네요. 그동안 잘 지내셨어요?"
"지난번에 보니까 삼색이가 노란 고양이랑 싸우던데,
안 다쳤나 모르겠어요."
"삼색이 너무 실쩠어요. 긴식 즘 그만 주세요."

이런저런 이야기를 인사처럼 주고받았다.

팀장님을 보자마자 마음이 앞선 모양이다.
인사도 없이 궁금한 것부터 물었다.
"저 나무 보셨어요?"

팀장님이 택배 상자를 흘끗 건너다보며 조용히 몇 마디 하셨다.
"비싼 돈 주고 산 것을 왜 저렇게 버리는지 모르겠어요.
살려놓으면 누가 또 가져갈 거예요."

그 말이 맞다.
돈을 주고 산 식물.
식물 역시 사람이 소유하는 물건의 일부였으니
필요한 것과 필요 없는 것으로 나눠지고
쓸모가 없다면 미련 없이 버려졌을 것이다.

어느 날
'상자식물' 옆에 초록 비닐을 뒤집어쓴 나무가 등장했다.
비닐봉지식물이었다.
이번에는 상자 대신 비닐 보호막이 생겼다.

식물원이 따로 있으랴.
살아가는 자리,
여기가 식물의 집이다.
버려진 생명을 살게 하고픈 누군가의 마음,
상자식물과 봉지식물은 그 자리에서 살아가고 있다.

쓸모가 다해서 그랬나 봐

"키우기 쉬워요?"
"이거 잘 자라나요?"
식물을 고를 때 이렇게 묻곤 했다.
집으로 데리고 가서 내 편의대로 키울 수 있는가를
적당히 셈하고 따졌다.
예뻐서, 유행하는 나무라서, 공기 정화가 필요하다며
생활용품처럼 가볍게 식물을 소비했다.

우리는 종종 물 주기를 놓치고 자주 무관심해졌다.
말라가는 줄기와 축축 처진 이파리를 돌보는 일은
내일 또는 다음의 과제로 미뤄 두고 말이다.
외면하고 방치하다가
결국 집 밖으로 식물을 내몰고 있다.

쓸모가 다해서
내 뜻대로 성장하지 않아서
마르고 병 들어서
반려식물은 그렇게 버려졌다.

'반려 (伴侶) : 짝이 되는 동무'

짝이 되는 동무라면,
아플 때 알아봐 주고 슬플 때 지켜봐 주는
그런 우정이었으면 좋겠다.
쉬고 싶으면 그냥 놔두고 부르면 찾아와 주는
산뜻한 사이였으면 좋겠다.

또 그런 생각이 든다.

식물이 짝이 되는 내 동무라면,
때로는 눈길을 거두고
제 마음대로 피고 지고 자라나게
기다려 주면 어떨까 하는 생각.

처음이자 마지막 인사

식물을 그린다고 하면, 사람들은 예쁜 꽃그림이냐고 물어본다.
약간은 맞지만 대부분이 다르다고 말한다.
내가 그리고 있는 대상은 버려진 식물이니까.
살아 있을 때는 더없이 예뻤지만
죽어 가는 모습은 쓸쓸하고 서늘하다.

버려진 식물을 보게 되면 나는 사진으로 먼저 남긴다.
그리고 집으로 가져와서 먼지를 잘 털어내고
하얀 스케치북에 얹어 둔다.
흰 종이에 올리고 나서야 그 모습이 다 펼쳐져 보인다.

나와 식물,
첫 만남을 하는 것처럼 나시막이 바라보고 있다.
보고 있으면 인사라도 건네야 할 것 같은 마음이 드는 건 왜일까.

안녕.
이름이 뭐야?
어디서 살았어?

잠시 그들의 생애를 상상하고 생김새를 찬찬히 살핀다.

생명이 사라져가는 식물에는
딱 한 가지로 표현할 수 없는 묘한 색들이 어려 있다.
물기 없이 말라 가면서도 노랑과 초록색이 오래 남아있고
갑자기 보라나 자주색 점들이 나타나기도 한다.
다양한 색 점들이 나타났다 사라지면서
결국은 흰색이나 갈색으로 변해간다.
서서히 그리고 천천히 자신의 색을 다 놓아준다.

그 모습을 그리는 일,
내가 할 수 있는
'잘 가'라는 인사였다.

저 그렇게 나쁜 사람 아녜요

쓰레기봉투에 죽은 식물이 들어 있었다.
몸통이 내 팔목 정도 되는 것을 보니
고무나무나 큰 열대식물 종류인 것 같다.
집에서 키우다가 병 들어서 이렇게 버려진 모양이다.
죽은 식물이 폐기물로 버려지는 것이 이상한 일은 아니다.
익숙하게 보아왔던 장면인데
그날은 뭐라도 해봐야겠다는 생각이 들었다.
휴대폰으로 사진 몇 장을 찍었다.

"저기요."
"……"
"아파트 주민이세요?"

소리 나는 쪽으로 고개를 돌렸다.
얼마 떨어지지 않은 거리에서
아파트 경비 아저씨가 나를 향해 걸어오고 있었다.

"아, 안녕하세요."

잘못한 것도 없는데 괜히 위축되는 것은 뭐람,
소리 높여 씩씩하게 인사했다.
경비 아저씨는 십오 년 차 입주민인 나를 그제야 알아봤다.

"쓰레기봉투는 왜 찍으시는 거예요."
"아, 예, 그게…."

이유를 뭐라 설명할 수 없었다.

평범한 아파트 주민이라고 알고 있는 그분에게

내 행동을 설명하기가 곤란했다.

뭐 대단한 작가, 환경운동가도 아니고

쓰레기봉투 사진을 찍고 있는 모습이 이상하게 보이는 것은 당연한 일.

"그것이, 그 이유는 … 아, 제가 작업을 하고 있는데

이 사진을 작업에 쓰려고요."

"작업을 하신다고요?"

"사진 찍어서 뭘 해보려고 하는데 ……."

"뭐 나쁜데 사용하는, 그런 작업은 아니죠?"

"쓰레기 안에 개인정보가 들어있어서요. 조심해 주세요."
"네네, 당연하죠. 저 그렇게 나쁜 사람 아녜요."

당황한 나머지 아무 말이나 내어놓고 말았다.
네, 저는 나쁜 사람이 아니랍니다.
제 관심사는 쓰레기가 아니라 죽어있는 식물이었어요.
오해를 불러왔던 사진 작업은 결국 완성하지 못했다.
으이구 이 게으른 사람, 나는 게으른 사람이었다.

그녀의 정원

회의 장소로 가는 길이었다.
가는 길에 연남동 수국 맛집에 들렀다.
ㅇ쌤이 이번 전시 사진을 찍고 있는 곳인데
우리가 궁금해하니까 함께 가보자고 했다.
얼마나 대단하기에 '꽃의 맛집'이라는 이름까지 붙었을까.

꽃 맛집은 세월의 흔적이 느껴지는 붉은색 벽돌 주택이었다.
낡아가는 이층 집 곳곳에 보드라운 햇살이 가득했다.
바람도 자주 드나들었다.
대문 앞부터 옥상 계단까지 넘치게 자라있는 초록 식물,
하양, 분홍, 보라색 수국도 탐스럽게 피었고
둥그런 꽃과 길쭉한 나무가 제 몫의 자리를 차지했다.
그곳에는 사람의 시간과 풀꽃의 시간이 겹쳐 있었다.

"꽃이 너무 예뻐요."
감탄과 부러운 마음이 건너가니
"들어와서 구경 하세요."
유쾌한 대답이 되어서 돌아왔다.

꽃과 나무마다 이 집에 살게 된 사연과 역사가 있는데
"이눔은 물만 주면 잘 자라고
이눔은 저짝에 누가 버린 것을 데려다 키웠어. 이쁘지?"
잘 키운 자식처럼 식물 자랑을 늘어놓으시는 주인 할머니 눈매가
반달 모양으로 곱게 반짝였다.
아끼고 자랑스러워하는 마음,
식물을 잘 키우는 사람의 마음은 이런 것인가.
알 거 같았다.
그 안에 한결같은 애정과 책임감이 있어야 한다는 것을.

'마담 프루스트의 비밀정원'이라는
영화가 떠올랐다.

꽃과 식물로 가득한 비밀정원이 있다.
그 정원의 주인은 마담 프루스트.
찾아온 사람들에게 차와 마들렌을 대접하고
그들의 기억 속에 숨어있는 상처와
마주하게 한다.

울고 웃고 찡그리고,
위로받고 용기를 얻었다.
잘못된 과거는 사라지고
새로운 기억이 자리 잡는다.

다친 마음을 보살피는 공간이

아파트 비밀정원이라는 설정이 인상적이다.

병원처럼 썰렁한 백색이거나 무거운 상담실 분위기라면 어땠을까.

어색하고 불편해서 말 한마디 못하고 도망 나왔을 것 같다.

아무튼 식물이 있어서 좋았다.

눈에 익고 다정한 초록,

여기에 따뜻한 홍차와 달콤한 마들렌 한 조각이면 충분하다.

이리저리 뒤엉킨 기억을 찾아내기에 말이다.

'꽃의 맛집'이라고 했었지.

공간이 주는 에너지를 받아서일까.
우리는 술술 이야기를 나누고
주인 할머니가 나눠주신 시원하고 붉은 차 한 잔도 달게 마셨다.
그 차를 마시고 나니
잃어버렸던 기억 한 조각을 떠올리게 될 것 같아
괜스레 마음이 두근거렸다.

다양한 활용법

식물 자료가 필요했다.

필요한 책을 찾아보려고 도서관

홈페이지에 접속했다.

검색 창에 '식물'이라는 키워드를 입력하니

얼마 지나지 않아 책 목록이 주르르.

'식물로 건강 살리기' '나와 맞는 반려 식물'

'홈 가드닝' '식물 인테리어'

제목 안에 조합된 단어들을 보면서

사람들이 대부분 이런 정보를 필요로 한다는 것을 알았다.

한편으론 이런 궁금증이 생겼다.

식물은 언제, 어떻게 우리 곁으로 오게 되었을까.

인터넷 검색 창에

'식물의 역사'라는 단어를 적어 넣었다.

식물이 지구에 나타난 것은 수억 년 전.
그때의 식물은 단순한 모습을 가지고 있었다고 한다.

야생에서 생겨나고 성장해 왔던 식물을
언제부터 집에서 기르게 되었을까.
시작은 인간이 먹을 수 있는 식용작물을 키우는 것이었다.
이후에 생활의 여유가 생긴 부유층이나 왕족들이
개인정원을 만들어 식물을 키웠다는 기록이 있다.

식물을 키우고 보니 이국적인 식물에 대한 관심도 생겼을 거다.
일부 귀족들은 식물 채집가를 파견하여 다른 나라에서 식물을 들여왔다.
18세기부터 원예 문화가 대중들에게 확산되고
인기 있는 식물 품종이 등장하면서 식물 안내서까지 만들어졌다고 한다.

우리나라에도 원예에 관심을 가졌던 사람이 있었는데
조선 초기의 관료이자 화가인 '강희안'이다.
강희안은 우리나라 최초의 원예서 '양화소록'을 집필하기도 했다.
식물을 키우는 방법과 활용법에 대해 소개하고
꽃과 나무를 보면서 마음 수양을 했다는
선비들의 생활상을 전하고 있다.
마음 수양을 돕는 식물이라니
우리나라 고서화에 소나무, 매화, 국화, 난초가
자주 등장했던 이유를 알 듯도 하다.

식물은 수억 년의 시간을 거쳐서 지금 우리 곁에 와 있다.
어디 시간뿐이겠는가.
우리에게 익숙한 식물은
아시아, 아프리카, 남미 아메리카 등의 먼 나라에서 온 것이다.

먹기 위해서, 감상의 대상으로,
정신 수양이 필요하다며,
오랜 시간 동안 그리고 멀리까지 가서
식물을 소비해 왔다.

요즘은 '반려식물'이란 말까지 등장했다.
함께 사는 짝이 되어서, 공기 정화를 약속받고
정서적 안정감까지 얻어내려고 하니
우리는 식물에게
너무 많은 것을 바라고 있는 것 아닐까.

생각해 보니
나 역시 그러했다.

소멸 의식

"우리 아파트에도 버려진 식물이 잔뜩 있어.
누가 다 버리고 갔나 봐."
"아파트 뒤편에 화분 무덤이 있는데
거기 가서 필요한 화분을 가져올 때도 있어."
"중고거래 사이트에 키우던 식물을 팔고 있더라.
버리는 것보다 그게 더 나은 방법 아닌가."

잊고 있다가 방금 기억난 것처럼 다들 이야기를 시작한다.
자기네 동네에 와서 식물을 살펴보라고 한다.
여기도 저기도 버려진 것들이 있다고 투덜거린다.

이런 말을 전해 들을 때마다 나는 '응응'하며 고개만 끄덕였다.

무엇을 더 할 수 있을까.
이제야 생각나 그림을 그리기 시작했을 뿐인데.
내가 하고 싶은 일은 식물을 그리고 기억하고 이야기하는 것이다.

나는 식물을 연구하는 사람이 아니다.
그림 그리는 일이 직업도 아니다.
식물 이름도 제대로 모르면서
그저 바라보기만 좋아하는 내가 식물을 그려도 될까.
자꾸 망설여지고 계속 의문이 생겼다.

어느 날은 그림을 그리려고 앉았는데 기분이 이상한 거다.
왜 버려진 것인지 궁금하다가 어쩐지 조금 슬퍼진다.
'그럴 수 있지. 뭐 그런 생각까지 하고 있어. 흔한 일이잖아.
그렇기는 한데... 이건 잔인한 풍경이야.'

물기가 사라져 수척해진 줄기,
다 뜯겨져 버린 이파리와 흙을 매달고 앙상하게 말라가는 뿌리.
이 순간이 마지막 일지 모르는 식물의 얼굴이었다.
식물 초상화를 그리고 있다고 생각했다.

산세베리아 잎을 그릴 때였다.
뿌리가 떨어져 나갔고 줄기도 뜯겨져 있었다.
이미 생명이 다한 식물을 그리고 있다고 생각했는데
볼 때마다 이파리 색이 달라졌다.

초록을 잃고 갈색으로 변해가는 잎 표면에
붉은색이 나타나거나 노란빛이 돌았다.
순간적으로 초록이 진해지기도 했다.

아직 생명이 남아있는 것이 아닐까 싶어
산세베리아를 급하게 물병에 옮겨 놓았다.
때를 놓쳐 버린 것인지 다시 살아나지는 않았다.

마르고 텁텁한 갈색으로 변해갔다.
하나, 둘 색이 날아가고 반짝이던 빛은 사라진다.
오랫동안 아주 천천히.
지고 있는 산세베리아를 보면서 알게 되었다.
생명은
쉽게 사라지는 것이 아니라는 것을.
훌쩍 떠나가는 것도 아니라는 것을.
살아있는 것도 죽어있는 것도 아닌
숭의석 시간에 잠시 머물다 가는 것인지도 모른다는 것을.

식물 스스로

소멸 의식을 치르고 있는 것 같다.

순한 말

바람 부는 날이다.
시원한 바람을 따라 걷고 있었다.
멀리 나가지 못하고 아파트를 빙빙 돌다가
뒤쪽 화단에서 커다란 화분을 보았다.
산세베리아, 벤자민, 그리고 나비처럼 생긴 보라색 식물,
화분 하나에 식물 셋이 빼곡하게 모여 자라고 있었다.

'너무 멀쩡한데... 버려진 건가?'

흙이 푸석하게 말라 있다.
서운한 마음에 물 두 바가지를 부어 주었다.

이피드 흰 마귀를 더 돌고 왔는네 화분 앞에 흰 송이가 붙어 있었다.

"임시로 내놓은 것입니다. 가져가지 마세요."

가져가지 말라는 투박한 글귀가 세상 순한 말처럼 읽혔다.

잠시 바람 쐬러 나온 것이라니, 참 다행이다.

그림 같은 사진

버려진 식물을 찍을 때는 신속함이 필요하다.
발견한 공간에서 그 모습 그대로를 찍어야 한다.
시간이 지나면 형체를 알 수 없을 만큼 마르고 시들어 버렸다.
가끔은 버려져 있던 장소를 벗어나기도 하는데
아파트 공용 쓰레기통에 들어가 있는 것을 보기도 했다.

식물 사진을 찍고 나서는 간단하게 메모를 남겼다.
찾아낸 장소나 시간, 식물 이름 정도였는데
식물명을 모르면 내 맘대로 이름을 정했다.
길쭉이, 뾰족이, 노란 점박이 이렇게 말이다.
글로 정리하면서 이런 고민에 빠져있었던 것 같다.
그 자리에 두는 것이 옳을까.
집으로 데리고 와서 공들여 살려야 했을까.

오래 고민하고 적어낸 답은
내가 할 수 있을 만큼만 하자는 거였다.

그렇게 찍어왔던 사진들을 인화하기로 했다.

ㅇ쌤, ㄹ쌤과 충무로 역에서 만났다.
지하철역에서 스튜디오로 걸어가는데
갑자기 소나기가 쏟아졌다.
아침부터 하늘이 잔뜩 흐려 있었는데
우산도 못 챙길 만큼 정신이 없었나 보다.
비를 피해서 커피숍 안으로 뛰어들었다.
따뜻한 아메리카노 한 잔이 목구멍을 타고 내려가니
쫓기던 마음이 스르르 풀어져 내렸다.

내가 찍었던 사진을 전문 스튜디오에서 인화하게 될 줄은 몰랐다.
사진 앱 안에는 언제 찍었는지도 모를 식물 사진이 수십 장,
그런데도 식물이 눈에 보이면 사진을 찍고 또 찍었다.
그 이미지들을 이제는 보내 주어야 할 것 같다.

사진을 보정하고 구도와 비율을 조정했다.
전시장에 그림과 사진을 같이 붙여 놓을 생각이라
서로 겉돌지 않을까 걱정이다.
그림 같은 사진, 이런 느낌이면 좋을 것 같아서
그려 놓은 식물 그림을 보여드렸다.
비슷한 느낌으로 인쇄해 달라고 여러 번 당부 말을 전했다.
아마추어 씨, 요구사항노 낳시.

비는 오고 마음은 바빴다.
이번 주 내내 비가 내리면
사진 패널을 전시장으로 옮기는 것이
문제가 될 것 같다.
작업을 마무리하는 것도 정신없는데
이렇게 소소한 일들까지 신경 써야 한다니.

결국 배달 서비스를 이용하기로 결정했다.
잘한 생각이었다.

잃어버리는 이름

전시장을 오가며
작품 배치와 거치 방법 등을 고민 중이다.

열 점의 식물 초상화를 그렸고
드로잉과 사진을 함께 전시하기로 했다.
전시 공간에 그림들을 걸어놓고 보니
그림 옆에 이름표를 붙여줘야겠다는 생각이 들었다.
작품명 대신에
마주 보고 그렸던 식물의 이름 하나하나를 알려주고 싶다.

그 하나하나는
잃어버리는 이름들이다.

산세베리아

뱅갈고무나무

빅토리아

관음죽

카랑코에

홍콩야자

스파트필름

그리고 몬스테라

산세베리아   뱅갈고무나무   빅또리아   관음죽

카랑코에 홍콩야자 스파트필름 몬스테라

유기식물

아파트 화단에서 버려진 식물을 발견했다.
마른 잎, 흩어진 뿌리만 남아있다.

'유기'라는 단어가 떠올랐다.

유기(遺棄)
내다 버리거나 돌보지 않음.
사람이 보호를 거부하여
보호받지 못하는 상태에 두는 일.

버려진 반려식물,
유기된 존재라는 생각이 들었다.

지난해, 나는 아무것도 안 하며 살고 싶었다.
걱정도 안 하고 노력도 안 하고 치열하게 애쓰는 일도 하기 싫었다.
내키는 대로 뒹굴거리고 발걸음 닿는 대로 산책을 다녔다.
바람이 시원해서 걸었고 햇빛이 포근해서 걸었다.
걷는 길에서 만나는 사물들을 관찰하고
땅 위로 흘러내리는 나무 그림자를 살피며
그렇게 스멀스멀 무용한 일들에 스며드는 중이었다.

봄이 되었고 나른한 오후였다.
오후의 졸음을 깨우는 휴대폰 벨 소리, 낯익은 이름이 액정에 떠올랐다.
ㅈ 이었다. 그녀의 이름을 보면서 잠시 생각했다.

'아, 무슨 일이 생기겠구나.
잘은 모르겠지만 재미난 일이 시작될 것 같네.'

줌마네* 일들은 자주 그랬다.

뭔가 뻔하지 않고 시의적절한 기획을 하는 곳이고

결과물을 만들어가는 과정 역시 만만치 않았다.

사람을 노력하게 만드는 에너지가 있다고나 할까.

ㅈ의 제안에 적극 참여 의사를 밝혔다.

아무것도 안 하고 싶다고 선언했지만

사실 뭐라도 하고 싶은 마음을 숨기고 있었는지 모른다.

그렇게 '집에 대한 욕망의 재배열' 기획에 참여하게 되었다.

프로젝트에 참여하는 동안 생각이 많아졌다.

집과 나,

내가 살면서 경험했던 '집'에 대해 오래 생각했고

조금 엉뚱한 결론에 도달했다.

집의 내면으로 들어가 그 공간에서 함께 살아가는 존재들을 떠올렸다.

* 줌마네 : 여성 작업자들을 위한 자립과 예술적 성장을 돕는 문화 예술 커뮤니티

사람과 사람, 사람과 사물, 사람과 반려하는 생명체.
그중에서 내가 집중하게 된 대상은 버려진 식물이었다.
집 안에서 집 밖으로 버려진 식물들의 이야기.
한때는 구성원의 일부로 살아가다가
쓰임새가 다해서 버려지는 것들의 이미지가 마음을 두드렸다.

모호한 이미지의 실체를 확인하기 위해서
동네 여기저기로 산책을 다녔다.
버려진 식물을 찾아다녔고 그것들은 자주 그리고 쉽게 발견됐다.
멀리서 보면 이상할 거 없는 일상 풍경이었는데
다가가서 식물을 들여다보면 묘한 감정이 생겨났다.
슬프거나 덤덤한, 이상하거나 익숙한, 알 수 없이 복잡한 마음이랄까.

용기 내지 못했다.

누군가를 기다리다가 뒤돌아서고

내 모습이 이상해 보일까 봐 자꾸 주변을 두리번거렸다.

외면하거나 회피하고 싶은 심정이었는지도 모르지.

아무것도 할 수 없었던 마음을 조금씩 그림으로 그려 나갔다.

식물을 그리면서

하나 둘, 내 안으로 찾아 들어온 것들을 글로 적었다.

작업은 봄에 시작해서 겨울까지 이어졌다.

그리고 새로운 해를 맞았다.

쓰고 그리던 감각은 흐려졌지만

그 시간의 마음들은 내 기억 어딘가에 고이고 스며 있다.

이 책은

프로젝트 전시 '구경하는 집'을 준비하면서 알게 된 것과

버려진 식물 그림을 그려가면서 경험했던,

기억과 감정의 기록이다.

유기식물
버려진 반려식물 이야기

1판 2쇄 발행 2023년 11월 24일

글·그림 조혜경

편집 조혜경 / 성열훈
디자인 성열훈

펴낸이 성열훈
펴낸곳 원컴
E-mail onecommbook@gmail.com
등록번호 제2023-000006호
등록일자 2023년 1월 10일

ISBN 979-11-982843-7-2